绿色食品
GreenFood

2016 绿色食品发展报告

中国绿色食品发展中心　编

中国农业科学技术出版社

图书在版编目（CIP）数据

2016 绿色食品发展报告 / 中国绿色食品发展中心编 . — 北京：中国农业科学技术出版社，2017.6
ISBN 978-7-5116-3098-8

Ⅰ . ① 2… Ⅱ . ①中… Ⅲ . ①绿色食品—产业发展—研究—中国— 2016 Ⅳ . ① F426.82

中国版本图书馆 CIP 数据核字（2017）第 115956 号

责任编辑　史咏竹
责任校对　贾海霞

出 版 者　中国农业科学技术出版社
　　　　　北京市中关村南大街 12 号　邮编：100081
电　　话　（010）82105169（编辑室）（010）82109702（发行部）
　　　　　（010）82109709（读者服务部）
传　　真　（010）82106626
网　　址　http://www.castp.cn
发　　行　全国各地新华书店
印 刷 者　北京科信印刷有限公司
开　　本　889 mm × 1 194 mm　1 /16
印　　张　5
字　　数　89 千字
版　　次　2017 年 6 月第 1 版　2017 年 6 月第 1 次印刷
定　　价　58.00 元

《2016 绿色食品发展报告》

编委会

2016

绿色食品发展报告

目录

CONTENTS

第一篇

发展形势

呼伦贝尔绿祥有机牛基地　摄影：罗旭

2016 绿色食品发展报告

第一篇　发展形势

一 发展政策

（一）《农业部关于推进“三品一标”持续发展的意见》

2016 年 5 月 4 日，农业部（中华人民共和国农业部，全书简称农业部）印发《农业部关于推进“三品一标”持续健康发展的意见》(农绿〔2016〕9 号)（以下简称《意见》）。

《意见》提出，力争通过 5 年左右的推进，使“三品一标”（“三品”指无公害农产品、绿色食品和有机产品，“一标”指农产品地理标志）生产规模进一步扩大，产品质量安全稳定在较高水平。“三品一标”获证产品数量年增幅保持在 6% 以上，产地环境监测面积达到占食用农产品生产总面积的 40%，获证产品抽检合格率保持在 98% 以上，率先实现“三品一标”产品可追溯。

《意见》进一步明确了“三品一标”发展定位，要求无公害农产品立足安全管控，在强化产地认定的基础上，充分发挥产地准出功能；绿色食品突出安全优质和全产业链优势，引领优质优价；有机农产品彰显生态安全特点，因地制宜，满足公众追求生态、环保

黑龙江八五〇农场绿色食品基地 摄影：刘春发

的消费需求；农产品地理标志要突出地域特色和品质特性，带动优势地域特色农产品区域品牌创立。

《意见》要求，各级农业行政主管部门要从新时期农业农村经济发展的全局出发，高度重视发展“三品一标”的重要意义，把发展“三品一标”作为推动现代农业建设、农业转型升级、农产品质量安全监管的重要抓手，纳入农业农村经济发展规划和农产品质量安全工作计划，予以统筹部署和整体推进。

（二）《全国绿色食品产业发展规划纲要（2016—2020 年）》

为推动“十三五”时期绿色食品产业健康持续发展，全面提升绿色食品产业发展水平，2016 年 4 月 6 日，农业部绿色食品管理办公室编制印发了《全国绿色食品产业发展规划纲要（2016—2020 年）》（农绿〔2016〕9 号）（以下简称《纲要》）。这是绿色食品事业发展 26 年来首次发布的全国性产业发展规划，具有标志性、里程碑意义。

《纲要》明确了“十三五”时期绿色食品发展的总体思路、基本原则、发展目标和发

福泉山绿色食品茶园　摄影：徐艳阳

展重点。

《纲要》指出，到 2020 年，绿色食品产业总量规模进一步扩大，企业总数将达到 11 000 家，产品总数将达到 27 000 个，绿色食品产地环境监测面积达到 6.5 亿亩（1亩≈ 667 平方米，全书同），绿色食品总产量占全国食用农产品及加工食品总产量 5% 以上。绿色食品质量和品牌公信力、认知度明显提升，质量抽检合格率保持在 99% 以上，国家级和省级农业产业化龙头企业、大型食品加工企业、出口企业比例明显上升，达到 60% 以上。

“十三五”时期绿色食品的发展重点是：扎实推进基地建设，不断提高发展质量；着力扶强生产主体，持续扩大总量规模；加快推进短缺产品开发，不断优化品种结构；不断强化市场营销服务，完善市场流通体系；全面加强品牌保护，不断提升品牌的公信力。

（三）农业部副部长陈晓华在全国农产品质量安全监管工作会议上的主题报告

2016 年 1 月 19 日，全国农产品质量安全监管工作会议在南昌召开，农业部副部长陈晓华做了主题报告。陈晓华副部长要求，要力争“十三五”末期主要农产品的合格率达到 97% 以上，基本实现农产品产出安全，努力确保不发生重大农产品质量安全事件，切实

全国农产品质量安全监管工作会议

保障人民群众“舌尖上的安全”。要全面提升标准化生产能力，加快标准制修订和转化应用步伐，抓好“三园两场”（“三园两场”指标准化的果园、菜园、茶园，以及标准化畜禽养殖场，水产健康养殖场）和“三品一标”建设，力争5年内使全国“菜篮子”大县规模经营主体和规模生产基地基本实现标准化生产。

（四）《关于发挥品牌引领作用推动供需结构升级的意见》

2016年6月20日，国务院办公厅印发了《关于发挥品牌引领作用推动供需结构升级的意见》（国办发〔2016〕44号）（以下简称《意见》）。《意见》要求增加优质农产品供给。要加强农产品产地环境保护和源头治理，实施严格的农业投入品使用管理制度，加快健全农产品质量监管体系，逐步实现农产品质量安全可追溯。全面提升农产品质量安全等级，大力发展无公害农产品、绿色食品、有机农产品和地理标志农产品。

（五）农业部部长韩长赋在全国农业结构调整座谈会上的重要讲话

2016年7月30日，农业部在吉林省吉林市召开全国农业结构调整座谈会，农业部部长韩长赋出席会议并讲话。韩部长在讲话中强调，要以推进标准化和可追溯为重点确保农

全国农业结构调整座谈会

产品质量安全。要加快标准制修订，抓紧制定一批优质农产品生产技术规范；尽快建成覆盖全国的质量安全追溯平台，率先将国家级和省级龙头企业、“三品一标”获证企业和农业部门支持建设的示范基地纳入。

二 重大活动

（一）召开全国“三品一标”工作会议

2016 年 3 月 25 日，全国“三品一标”工作会议在北京召开，农业部农产品质量监管局马爱国局长出席会议并做了重要讲话。

马爱国局长在充分肯定“十二五”期间“三品一标”工作成效的基础上，从中央发展战略、全面建成小康社会、建设现代农业、农产品质量安全监管 4 个角度阐述了新形势下“三品一标”工作的重要性，提出“三品一标”工作应作为满足城乡居民更高消费需求的重点工作来抓，应作为打造生态文明、建设“美丽中国”的重点示范来抓，应作为实现现代农业转型升级、提质增效和实施供给侧结构性改革的重要举措来抓，应作为提升农产

2016 年全国“三品一标”工作会议

品质量安全水平和监管能力的重要手段来抓。

马爱国局长指出，“十三五”时期“三品一标”工作要深入贯彻绿色发展理念，坚持以引领农业标准化、规模化、品牌化和绿色化生产为核心，以政府引导和市场驱动为动力，以“促发展、严监管、创品牌”为主线，不断做大总量、做强品牌、做严监管、做优服务，大力助推农业提质增效和农民持续增收，为提升我国农产品质量安全水平、加快现代农业建设提供有力支撑。同时，马爱国局长还就加强自身发展、严格监管、打造好品牌、加强改革创新、发挥好体系作用 5 个方面提出了明确要求。

各省级“三品一标”工作机构以及部分检测机构负责人参加了会议。

（二）中国绿色食品发展中心组织召开全国绿办主任座谈会

2016 年 7 月 14 日，中国绿色食品发展中心在辽宁省沈阳市召开了 2016 年全国绿办（各地方绿色食品工作机构，简称绿办）主任座谈会，中国绿色食品发展中心各处室、各部门负责人，以及全国省级绿色食品工作机构负责人参加了座谈会。会议总结了上半年绿色食品、有机食品工作，集中研究和交流了绿色食品产业结构调整、品牌价值提升、有机食品发展等问题，并提出了下一阶段工作方向以及要重点抓好的工作。

2016 年全国绿办主任座谈会

第二篇

产品发展

甘肃绿色食品油菜生产基地　摄影：程红兵

2016 绿色食品发展报告

第二篇　产品发展

一 制度建设

中国绿色食品发展中心在《绿色食品标志许可审查程序》等制度规范的基础上，又发布了《绿色食品专家评审工作规范》，明确规定了绿色食品专业评审技术审查重点，提升了评审标准化和专业化水平，形成了“一程序两办法三规范”的制度架构。即《绿色食品标志许可审查程序》《绿色食品检查员注册管理办法》《绿色食品检查员工作绩效考评暂行办法》《绿色食品标志许可审查工作规范》和《绿色食品现场检查工作规范》等。为更好地指导企业申报，方便省级工作机构审查，简化程序，中国绿色食品发展中心发布了《关于改进绿色食品申报有关事项补充说明的通知》（中绿认〔2016〕135 号）。

二 交流检查

中国绿色食品发展中心于 9—12 月组织了各省区市之间的交流检查工作，首次交流检查选取了河北、大连、黑龙江、江苏、山东和河南六地作为检查对象，共派出检查组 6 个，检查员 17 人次，累计检查企业 20 余家，实现了共同学习行业知识，交流检查技巧和检查经验，提升现场检查能力和风险防范能力。

三 获证企业与产品

2016 年，获得绿色食品标志使用权的企业 3 949 家，同比增长 10.9%，产品 8 930 个，同比增长 8.5%。全国有效用标企业总数 10 116 家，产品总数 24 027 个，同比分别增长 5.6%和 2.7%。企业总数首次突破 1 万家，产品总数接近 2.5 万个。

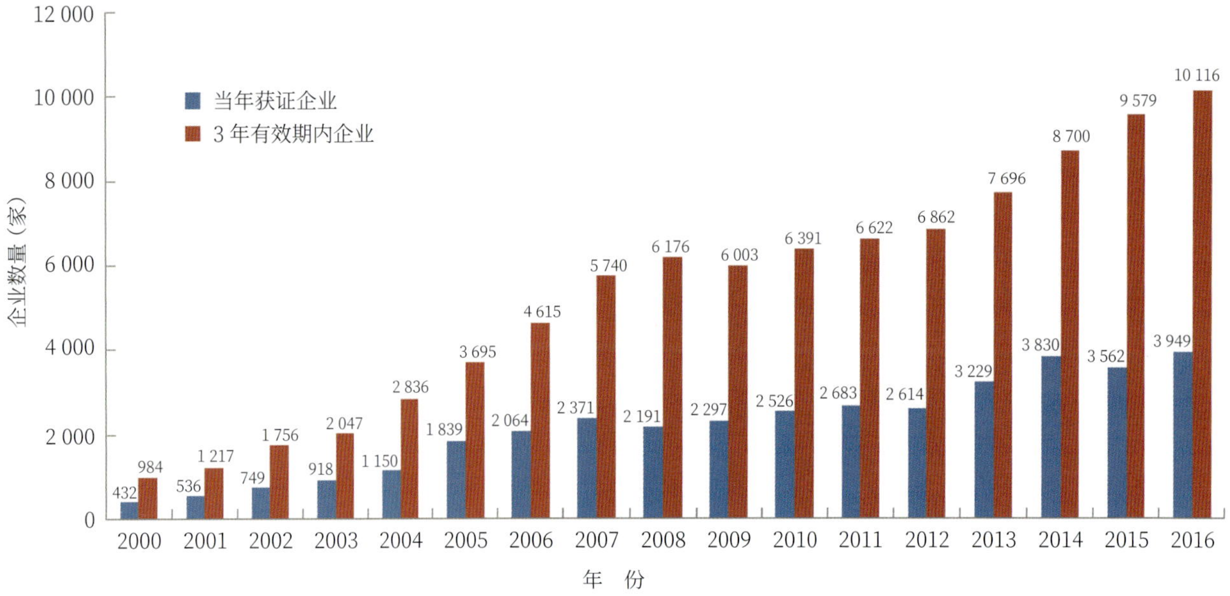

2000—2016 年当年获证与有效使用绿色食品标志企业数

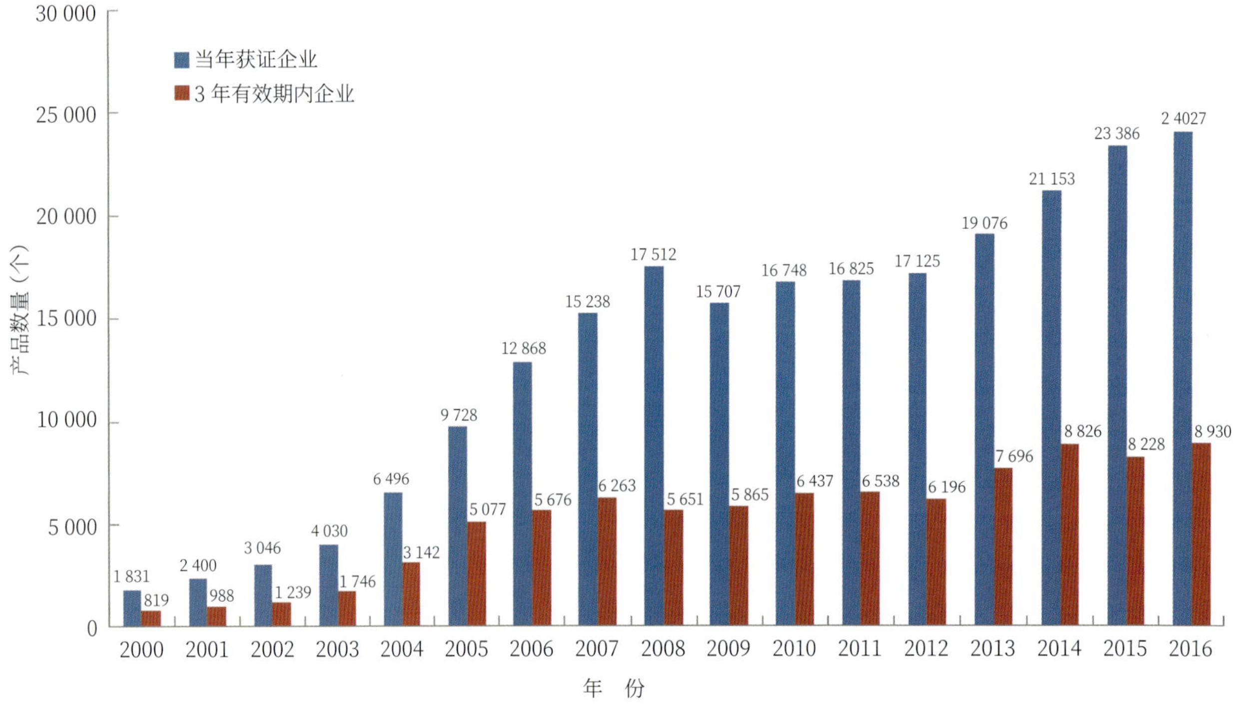

2000—2016 年当年获证与有效使用绿色食品标志产品数

四 获证产品结构

2016 年，在获证产品中，农林及加工产品有 18 227 个，占 75.9%，畜禽产品有 1 141 个，占 4.7%，水产品有 644 个，占 2.7%，饮品类产品有 2 106 个，占 8.8%，其他类产品有 1 909 个，占 7.9%。

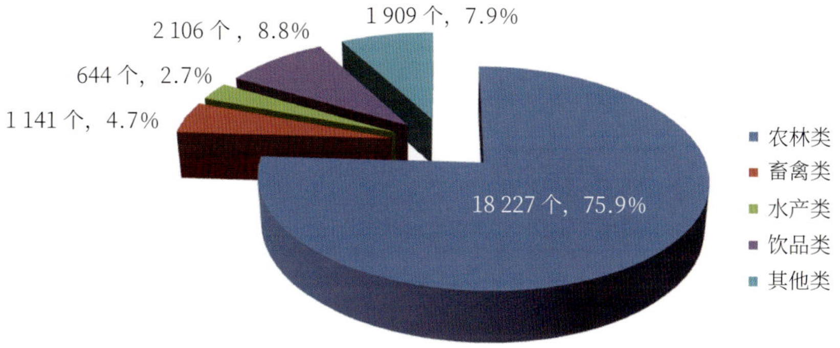

2016 年绿色食品的产品类别

2016 年，初级产品有 13 519 个，占获证产品总数的 56.3%；加工产品有 10 508 个，占产品总数的 43.7%，其中，初加工产品有 7 927 个，占产品总数的 33.0%，深加工产品有 2 581 个，占产品总数的 10.7%。

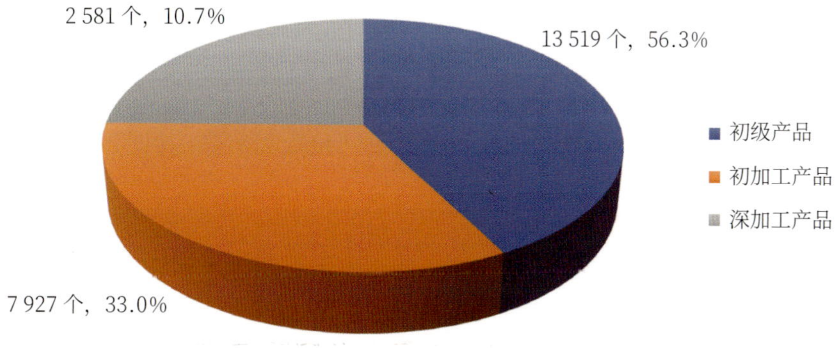

2016 年绿色食品产品结构

截至2016年12月10日统计，在绿色食品有效获证主体中，企业6 961家、产品18 027个，农民专业合作社3 005家、产品5 720个，家庭农场127家、产品194个，其他（军队）23家、产品86个。

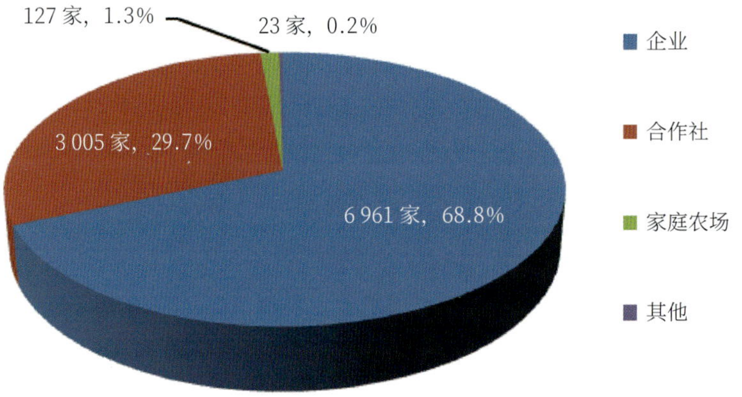

2016年绿色食品获证主体结构

五 区域发展结构

2016年，我国东部地区有效用标产品数为9 442个，占39%；中部地区有效用标产品数为5 648个，占24%；西部地区有效用标产品数为5 349个，占22%；东北地区有效用标产品数为3 585个，占15%；境外有效用标产品数为3个，占0.01%。

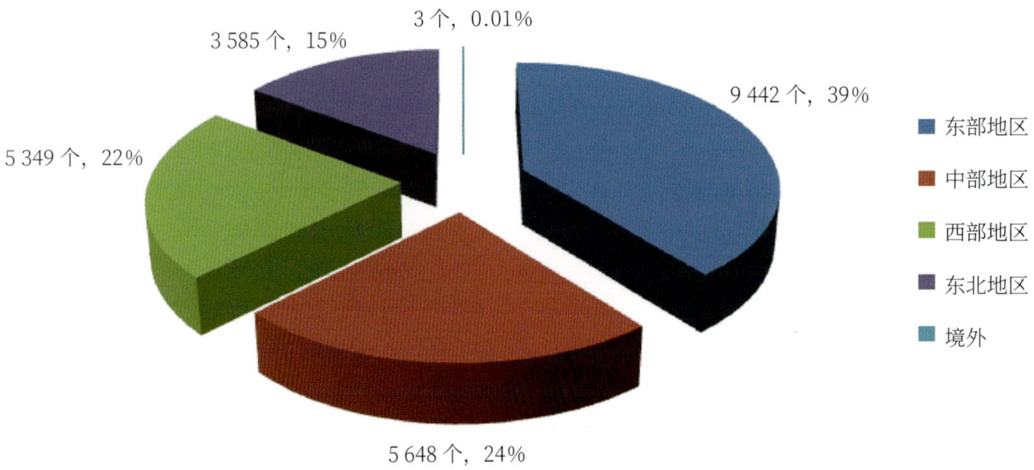

2016年有效用标绿色食品分布地区

六 龙头企业发展情况

在 2016 年绿色食品有效获证主体中，龙头企业 4 640 家、产品 12 695 个。其中，国家级龙头企业 333 家、产品 1 249 个，省级龙头企业 1 666 家、产品 4 965 个，地市县级龙头企业 2 641 家、产品 6 481 个。

绿色食品各级龙头企业发展情况

项　目	国家级龙头企业		省级龙头企业		地市县级龙头企业	
	企业数	产品数	企业数	产品数	企业数	产品数
数　量	333 家	1 249 个	1 666 家	4 965 个	2 641 家	6 481 个
比　重*	3.3%	5.2%	16.5%	20.7%	26.1%	27.0%

* 比重（%）：是指各级龙头企业、产品占绿色食品企业、产品总数的比重。

七 贫困地区发展情况

按照农业部定点扶贫工作总体部署，中国绿色食品发展中心立足自身职能，加大帮扶力度，以帮助扶持发展绿色食品和有机食品为抓手，为坚决打赢脱贫攻坚战发挥积极作用。

（一）促进扶贫地区绿色食品、有机农产品发展

为有效推进片区绿色食品、有机食品发展，中国绿色食品发展中心专门制定了扶贫地区绿色食品、有机农产品认证优惠政策。同时在保证质量的前提下，加快对贫困地区企业申报的审批。2016 年累计为大兴安岭南麓片区、新疆（新疆维吾尔自治区，全书简称新疆）、西藏（西藏自治区，全书简称西藏）、革命老区的 175 家绿色食品申报企业减免费用 152 万元，23 家有机农产品企业申报减免费用 18.3 万元。

（二）提高扶贫地区农业产业化水平

为提高农业生产标准化水平，促进农业增效、农民增收，中国绿色食品发展中心积极帮助扶贫地区建立规模化、区域化的绿色食品原料标准化生产基地和有机农业示范基地，搭建基地与加工企业对接平台，推动农产品产业化经营和品牌化发展。2016 年，支持大兴安岭南麓片区、新疆地区 18 个县（市）创建、验收了 18 个绿色食品原料标准化生产基地，面积 207 万亩，产量 119 万吨，带动农户 18.2 万户，直接增加农民收入 910 万元。

（三）增强扶贫地区内生动力

中国绿色食品发展中心通过组织培训班，帮助贫困地区农业部门同志了解绿色食品、有机食品生产技术及认证管理程序，提高农业部门推进标准化生产和品牌化发展水平。2016 年，中国绿色食品发展中心分别在西藏和陕西省延川县举办了绿色食品、有机食品培训班，推动当地绿色有机食品产业发展。

在陕西省延川县举办绿色食品、有机食品培训班

地方典型 1：内蒙古自治区出台补贴政策，助推绿色有机产业发展

为加快推动产业加快发展，内蒙古自治区绿色食品发展中心按照保证质量，提高数量，统筹协调产品结构、质量、效益的原则，2016 年重点开展了产品和环境检测补贴工作。内蒙古自治区制定了针对绿色食品和有机食品的产品、环境检测补贴政策，以“企业下单、政府购买”的形式为申报企业、续展企业节省检测费用，共补贴经费 150 万元，各级地方政府也纷纷出台相应扶持政策，有力地加快了绿色食品和有机食品产业的发展步伐。

地方典型 2：湖南省发布《关于推进“三品一标”持续健康发展的实施意见》

湖南省农业委员会结合本省实际，制定并发布了《关于推进“三品一标”持续健康发展的实施意见》，进一步明确了湖南省“三品一标”工作的总体思路、发展目标以及推进措施，对于加快推进湖南省“三品一标”持续健康发展具有重要意义。

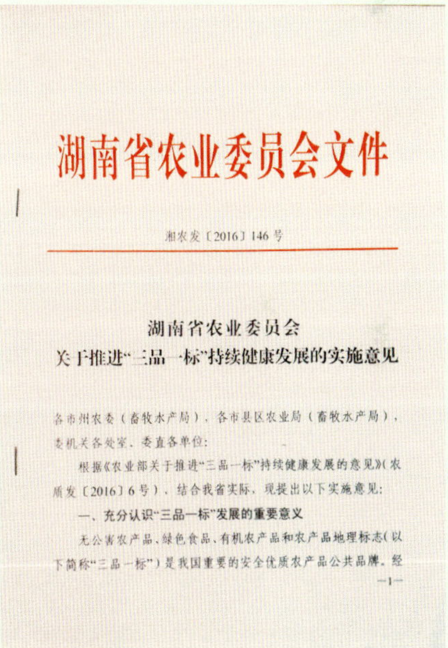

湖南省农业委员会文件

湘农发〔2016〕146 号

湖南省农业委员会
关于推进“三品一标”持续健康发展的实施意见

各市州农委（畜牧水产局），各市县区农业局（畜牧水产局），委机关各处室、委直各单位：

根据《农业部关于推进“三品一标”持续健康发展的意见》（农质发〔2016〕6 号），结合我省实际，现提出以下实施意见：

一、充分认识“三品一标”发展的重要意义

无公害农产品、绿色食品、有机农产品和农产品地理标志（以下简称“三品一标”）是我国重要的安全优质农产品公共品牌。经

—1—

湖南省农业委员会《关于推进“三品一标”持续健康发展的实施意见》

2016
绿色食品发展报告

第三篇

基地建设

春机盎然的北林区绿色水稻园区　摄影：李晓平

2016 绿色食品发展报告

第三篇　基地建设

一 原料标准化生产基地

绿色食品原料标准化生产基地是指产地环境质量符合绿色食品有关技术条件要求，按照绿色食品技术标准、生产操作规程和全程质量控制体系实施生产和管理，并具有一定规模的种植区域或养殖场所。自 2005 年启动以来，经过多年探索和实践，基地建设取得了显著成效，不仅创新了绿色食品发展模式，走出了一条以品牌化带动标准化、以标准化促进农业生产方式转变的新途径，更扩大了绿色食品品牌效应，为深化农业产业结构调整、提高我国农业标准化生产水平、促进农业增效农民增收发挥了重要的带动作用。

2016 年，基地建设稳步发展，全国共有 26 个省（自治区、直辖市）的 489 个单位创建了 696 个全国绿色食品原料标准化生产基地，基地种植总面积 1.73 亿亩，总产量 1.095 亿吨，共涉及水稻、玉米、大豆、小麦等百余种地区优势农产品和特色产品，带动农户 2 198 万户，与基地对接企业达 2 716 家，每年直接增加农民收入 15 亿元以上。

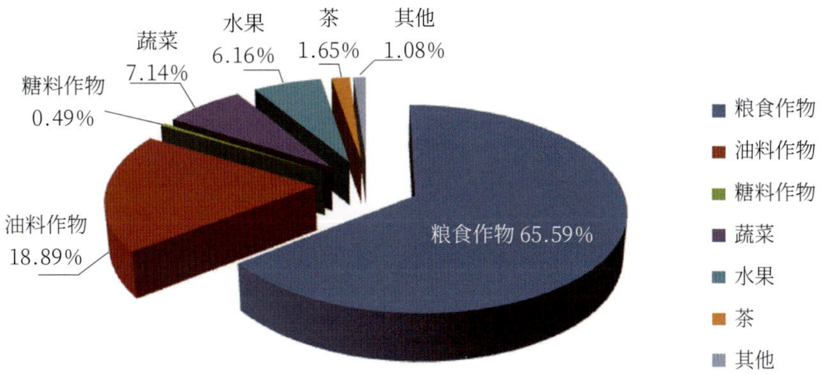

绿色食品原料标准化生产基地主要作物结构

二 一二三产业融合发展示范园建设

绿色食品一二三产业融合发展示范园是指以绿色食品生产为基础，融合绿色食品种植（或养殖）、加工、休闲、消费、旅游于一体，充分展现环境保护、可持续发展理念及标准化生产模式，具有一定规模、管理规范，运营良好、效益显著、示范带动性强，经农业部绿色食品管理办公室和中国绿色食品发展中心予以认定公布的绿色食品产业园区。

2016 年 10 月，《全国绿色食品一二三产业融合发展示范园建设试点办法》颁布。河北、吉林、江苏、浙江、安徽、福建、山东、广西（广西壮族自治区，全书简称广西）等省（自治区）在内的 8 个示范园进入创建阶段。首批创建的示范园涵盖蔬菜、水果、茶叶、食用菌类的种植与加工项目，2016 年度三产总值合计 17.42 亿元，年接待游客 170.94 万人次。

福建台品樱花茶园创建全国绿色食品一二三产业融合发展示范园

示范园区按照绿色食品发展理念，应用生物、物理防控设施设备，使用生物有机肥料进行生产，设立绿色食品宣传专栏、农耕文化展示、农业科普知识宣传展示等区域。全国绿色食品一二三产业融合发展示范园的建设在示范引领农业调结构、转方式的同时，也在扩大宣传绿色食品理念、普及绿色食品知识、提升绿色食品品牌影响力等方面发挥积极作用。

地方典型 1：陕西省整建制推进绿色食品标准化基地建设，以技术服务推动绿色食品发展新突破

陕西省按照绿色食品原料标准化基地建设工作的有关要求，把基地建设作为推动本省绿色食品工作的重中之重。依据本省农业产业发展情况，突出特色、主导、优势产业，把基地建设与县域经济发展相结合，把基地建设与农业供给侧结构性改革相结合，把基地建设与提升县域特色主导产业品牌价值相结合，推进整县绿色食品标准化基地建设，在培育县域经济新的增长点方面取得显著成效。

地方典型2："4·20"强烈地震灾后恢复重建3周年之际，
雅安市芦山县地震灾区获中国绿色食品发展中心授予的
"全国绿色（有机）农业示范区"称号

按照"生态立市、生态强市"的发展思路，四川省雅安市把发展绿色有机农业作为全市农业产业发展的方向，重点围绕"雅字头"特色优势产业，全力推进国家绿色（有机）农业示范区建设。经过3年创建，全市高标准建成绿色食品生产基地84万亩、有机食品生产基地31万亩；发展绿色食品121个、有机食品89个，产品覆盖全市8个县（区）主导产业；建成芦山县现代生态农业示范园、宝兴县有机产业园、汉源县现代农业核心示范园和天全县南天现代农业科技园等农业园区，形成了3条百公里百万亩生态茶产业、果蔬产业、果药产业经济走廊规划布局，全面完成建设任务，取得明显成效，农业产业发展基本实现"布局规模化、生产标准化、产品品牌化、经营产业化、销售市场化"，示范带动了全市特色优势产业规模不断壮大，促进了灾区农业产业提档升级，促进了农民收入持续稳定增长。

四川省雅安市名山区全国绿色食品原料（茶叶）标准化生产基地

第四篇

证后监管

2016 绿色食品发展报告

第四篇　证后监管

为加强绿色食品证后监管，中国绿色食品发展中心建立并有效落实了企业年检、产品质量抽检、标志市场监察、质量安全预警、信息发布 5 项监管制度，大力强化监管措施和淘汰退出机制，积极配合有关监管部门严肃查处假冒伪劣产品，促进了我国农产品和食品质量安全水平的全面提高，使我国绿色食品产品质量抽检合格率一直稳定保持在 98% 以上，绿色食品品牌的知名度、影响力得到不断提高，绿色食品的品牌公信力和美誉度得到了全社会的高度认可。

2016 年绿色食品监管工作座谈会

一 企业年检

多年来，中国绿色食品发展中心积极推动各地绿办开展企业年检工作，从源头上保证绿色食品质量，确保企业使用绿色食品标志的规范。狠抓年检制度的落实，推行企业年检责任制，明确每个企业的年检责任人；督促各地绿办制订年检工作计划；狠抓年检有效性的落实，强化年检实地检查的实效性，避免走过场；开展年检督导工作，组织专家、监管员对各地绿办进行年检督导工作，提高绿办年检工作质量，强化了企业产品质量和规范用标意识，推进了各项监管制度的贯彻落实。

2016 年中国绿色食品发展中心组织专家分别对陕西省、新疆维吾尔自治区、新疆生产建设兵团、湖北省、山东省和青岛市等 6 个省级工作机构进行了年检督导检查工作，通过督导检查工作，强化了省级工作机构的年检工作意识，推进了各项监管制度的落实。根据企业年检结果，处理了一批年检不合格和用标不规范企业，取消了 12 家企业 20 个产品的绿色食品标志使用权。

对新疆进行年检督导检查

二 产品抽检

中国绿色食品发展中心和各地绿办委托绿色食品检测机构加大对重点区域、重点行业、重点时节以及重点产品的抽检力度，包括往年抽检不合格频率较高的产品、节日供应产品、风险预警产品及绿色食品原料标准化基地产品，积极鼓励各地加大绿色食品抽检比例。全年抽检比例达 30% 以上，部分省市甚至达到全覆盖。

2016 年，中国绿色食品发展中心和地方绿办共抽检绿色食品产品 4 761 个，检出不合格产品 57 个，抽检合格率 98.8%。

三 市场监察

2016 年全国参与市场监察工作的各级绿办共 56 个，其中省市级绿办 35 个，县区级绿办 21 个。共检查了近 47 个城市或地区的 146 个各类市场，其中固定市场 85 个，流动市场 61 个。抽样检查涉及省会城市市场 92 个，占全部市场的 63%，地级市场 46 个，其他为批发或农贸市场、便利店或专卖店。

2016 年市场监察被抽样的绿色食品企业 727 个，占 2015 年年底绿色食品企业总数的 7.18%；共抽取标称绿色食品的样品 4 178 个，占 2015 年年底有效用标产品总数的 7.09%。其中，不规范用标产品总数 126 个，同比 2015 年降低了 0.91%，假冒产品总数 32 个，同比 2015 年假冒产品总数 31 个基本持平。

配合工商、质检和农业行政执法部门，中国绿色食品发展中心开展了绿色食品市场清理整顿工作。2016 年共收到各类举报、投诉、查询等文件、信函 116 件，经核查书面回复 28 件，通过电话口头答复 96 件，接待工商、企业、行业协会、群众直接来访 17 人次，有效地维护了绿色食品企业和消费者的合法权益，打击了商标侵权的违法行为，充分维护了绿色食品的商标专用权。

四 安全预警

中国绿色食品发展中心高度重视并强化质量安全预警管理，建立健全了“上下互动、省际联动”的质量安全预警机制，增强食品安全的风险防范和突发事件应急处置能力。2016 年重点开展了对绿色食品大米和茶叶产品的预警抽检，同时扩大了对南方稻米的抽检比率，抽检出不合格稻米产品 22 个，单品类合格率 78%，茶叶产品 5 个，单品类合格率 95%。

绿色食品质量安全预警管理专家会议

2016 年 11 月 15 日，中国绿色食品发展中心在广州市召开了 2016 年绿色食品质量安全预警管理专家会议，分析了当前绿色食品的监管形势，就 2017 年预警工作进行了研讨，提出了有建设性的工作意见和建议。

五 公告通报

公告通报制度是标志管理的一个重要手段。中国绿色食品发展中心不仅对取消标志使用权的不合格产品予以公告，而且对拒绝年检或经年检不合格的企业也予以公告。对于年检工作不力或严重失职的单位和个人，予以通报并追究其责任。通过公告、通报制度的实施，建立了标志管理的自我约束机制、退出淘汰机制和信用体系，树立了绿色食品严格监管的社会形象。

2016 年 9 月，在第十七届绿色食品博览会上，中国绿色食品发展中心举行了绿色食品监管工作信息发布会，发布了 2016 年 1—8 月绿色食品监管工作相关信息，引起到会及各界媒体的广泛关注，中央电视台、新华网、农业部网站、农民日报、中国食品报、吉林日报近 40 家媒体参加发布会，并进行了广泛报道。

绿色食品监管信息发布会

2016 年，中国绿色食品发展中心根据监督检查结果共撤销 58 个产品标志使用权，其中，根据企业年检结果核准撤销 20 个产品的标志使用权，根据抽检结果撤销 38 个产品的标志使用权，根据续展审核结果撤销 52 个产品标志使用权。全年共合计取消 110 个产品标志使用权。

地方典型：山东省认真落实“五大监管制度”

2016年7月，对济南、烟台等4个地市的5个市场开展了绿色食品用标产品市场监察，共采集样品245份。2016年年初，下发了《2016年绿色食品企业年检工作计划》；8月，对绿色食品年检工作进行了调整，重新修订印发了《山东省绿色食品企业年度检查工作实施办法》，突出了年检的监督作用，实现了年检工作程序简化、重心下移，创新了省级强化监督、市县具体承担的年检模式。

淄博市绿色食品年检工作培训会

第五篇

技术支撑

现代化、标准化的绿色食品原料基地　摄影：田岩

2016 绿色食品发展报告

第五篇　技术支撑

一 标准体系

“产业发展、标准先行”，中国绿色食品发展中心立足精品定位，瞄准国际先进水平，按照“安全与优质并重、先进性与实用性相结合”的原则，严格落实“从土地到餐桌”全程质量控制理念，建立了一套“定位准确、结构合理、特色鲜明”的标准体系。截至 2016 年，农业部发布的现行有效标准绿色食品标准 141 项，其中基础通用技术准则 15 项，产品标准 126 项。这些标准的颁布实施，为指导和规范绿色食品的生产行为、质量技术检测、标志许可审查和证后监管提供了依据和准绳，为促进绿色食品事业持续健康发展发挥了不可替代的作用。

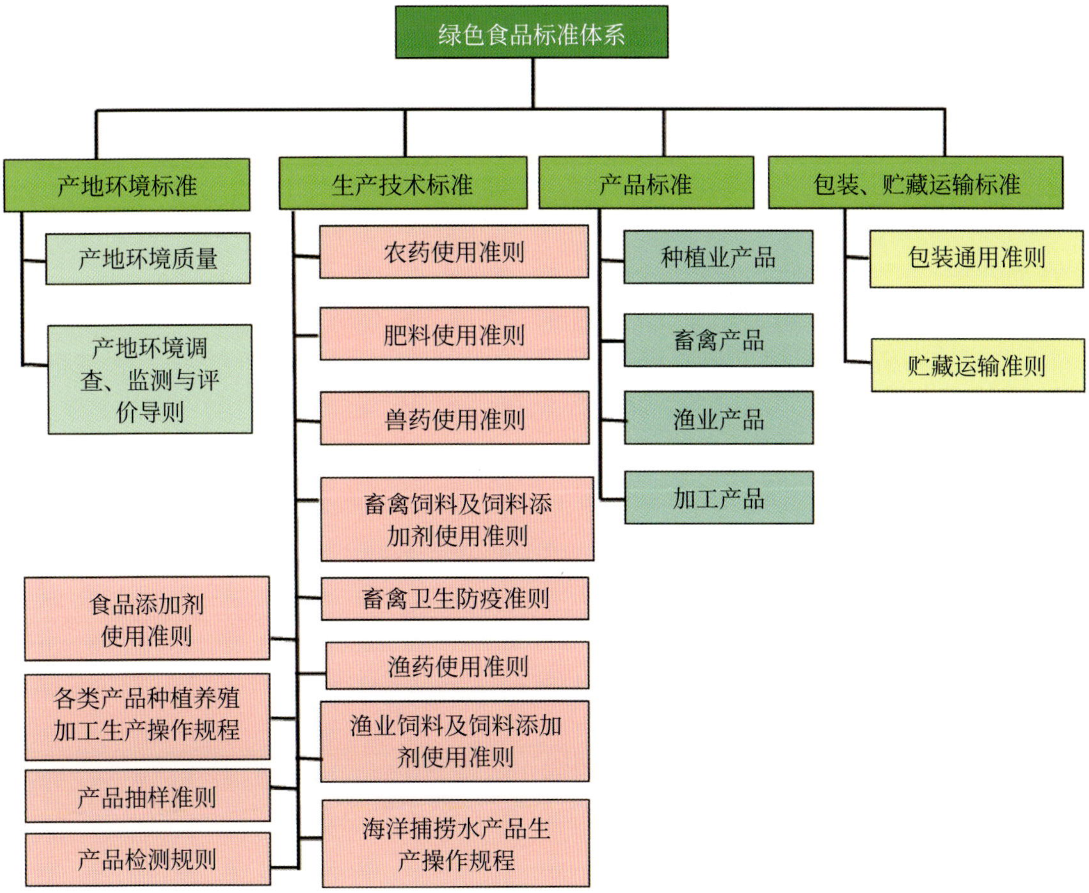

绿色食品标准体系图

（一）跟踪评价，持续改进

2016 年，中国绿色食品发展中心启动了 NY/T 393—2013《绿色食品　农药使用准则》标准在水稻、蔬菜上的应用跟踪评价和 NY/T 472—2013《绿色食品　兽药使用准则》标准在畜禽养殖上的应用跟踪评价，探索建立绿色食品标准跟踪评价长效机制，为持续改进绿色食品生产技术标准，保持绿色食品标准的先进性、科学性和实用性提供依据。

绿色食品标准与相关技术手册

（二）顺应变化，加快修订

协调国内外相关法律、法规和标准变化，适应绿色食品工作需求，2016 年新修订 NY/T 844—2010《绿色食品　温带水果》等 13 项绿色食品产品标准。

2016 年修订的 13 项绿色食品标准

序　号	标准名称	序　号	标准名称
1	《绿色食品　坚果》	8	《绿色食品　黄酒》
2	《绿色食品　食用植物油》	9	《绿色食品　米酒》
3	《绿色食品　温带水果》	10	《绿色食品　果酒》
4	《绿色食品　烘炒食品》	11	《绿色食品　芝麻及其制品》
5	《绿色食品　果（蔬）酱》	12	《绿色食品　畜禽可食用副产品》
6	《绿色食品　花生及其制品》	13	《绿色食品　固体饮料》
7	《绿色食品　海水贝》		

（三）加强宣贯，推广应用

2016 年新颁布 27 项绿色食品标准，中国绿色食品发展中心组织在绿色食品工作机构、检测机构和企业的宣贯培训，保证标准执行上的统一性。

2016 年颁布的 27 项绿色食品标准

序　号	标准名称	序　号	标准名称
1	《绿色食品　含乳饮料》	15	《绿色食品　薏米及薏米粉》
2	《绿色食品　冷冻食品》	16	《绿色食品　稻谷》
3	《绿色食品　西甜瓜》	17	《绿色食品　天然矿泉水》
4	《绿色食品　食用糖》	18	《绿色食品　天然饮用水》
5	《绿色食品　麦类制品》	19	《绿色食品　魔芋及其制品》
6	《绿色食品　焙烤食品》	20	《绿色食品　果醋饮料》
7	《绿色食品　山野菜》	21	《绿色食品　糖果》
8	《绿色食品　人参和西洋参》	22	《绿色食品　湘式挤压糕点》
9	《绿色食品　发酵调味品》	23	《绿色食品　油菜籽》
10	《绿色食品　啤酒花及制品》	24	《绿色食品　速冻水果》
11	《绿色食品　杂粮米》	25	《绿色食品　淀粉类蔬菜粉》
12	《绿色食品　头足类动物水产品》	26	《绿色食品　低聚糖》
13	《绿色食品　冷藏、冷冻调制水产品》	27	《绿色食品　畜禽卫生防疫准则》
14	《绿色食品　果蔬汁饮料》		

（四）适应需求，攻克难题

开展了“绿色食品水培蔬菜生产和审查技术规范”的专项课题研究工作，组织编写了《绿色食品水培蔬菜生产技术规范》。

地方典型1：黑龙江省坚持标准化生产，不断促进“种得好”

黑龙江省坚持把标准化贯穿于基地建设的始终，强化推进，提标准，扩规模，不断巩固扩大“种得好”的成果。一是健全完善地方标准体系。按照绿色食品行业规范要求，在深入总结汲取各地基地建设先进成果的基础上，组织专家制修订绿色有机食品生产技术操作规程62项，并作为地方标准颁布实施。二是推动标准落实到位。在“黑龙江绿色食品网”等涉农网站及时公布新标准，并由出版社公开出版发行，下发到每个基地单元；坚持“省训师资、市训骨干、县训农户”，层层开展标准培训，杜绝“死角”“死面”；编写并向基地发放“明白纸”“操作历”和生产记录手册，让基地农户看得懂、学得会，用得上。三是促进标准提档升级。积极推广“鸭稻共作”“渔稻共作”等绿色有机生产方式，探索标准化生产新途径。打造和培育了一批高标准绿色有机食品基地典型，在产地环境、生产技术规程、投入品使用、产品质量、产品加工和包装储运6个方面全程按照标准生产加工和经营，做到标准高、模式新、可复制，进一步提升了全省基地标准化水平。

黑龙江省庆安县全国绿色食品原料（水稻）标准化生产基地

地方典型 2：北京市标准宣贯新举措

（1）举办生态农业标准园绿色食品品牌培训班：5 月 5—6 日，北京市生态农业标准园绿色食品认证暨现代运营管理培训班成功举办，来自 26 家市级创建园区和 15 家区级园区的技术负责人和质量负责人 70 余人参会。培训班围绕生态农业标准园创建要求和园区需求设计了丰富的课程。培训班还特别邀请了为农场提供云平台和物联网等增值服务的有关专家，以及工商银行融 e 购绿色食品频道负责人与学员座谈交流。拓宽了园区生产者的视野，提高了对农业生产、生活、生态“三生”功能的认识。

（2）设计制作绿色食品知识展板和生产记录本：12 张绿色食品系列动漫宣传画取得著作权登记保护，为企业制作了《绿色食品宣传画》镶边展板，下发了印有“中国绿色食品”与“绿色食品博览”微信公众号的“绿色食品标准化生产记录本”“绿色食品生产允许使用的化学农药清单”和“绿色食品生产允许使用的生物源、矿物源和其他植保产品清单”塑封挂板。记录本和挂板已广泛应用于基地大棚、参观通道及生资库房，简单易懂，对生产者、参观者和消费者了解绿色食品生产标准和理念起到了良好的宣传指导作用。

二 理论研究与行业指导

（一）编撰出版《绿色食品理论与实践》

为认真总结近年来各地在绿色食品实践发展中的新经验、新理论、新思想和新模式，进一步丰富绿色食品基础理论体系，2016 年，中国绿色食品发展中心向各地绿色食品工作机构、检测机构及中心各业务部门征集汇总了近 3 年以来正式发表的绿色食品理论研究和实践技术论文共 73 篇，全书 40 万字，由中国农业科学技术出版社出版发行。

（二）编撰出版《绿色食品工作指南》（2016 版）

为加强对各地绿色食品工作的指导，规范各地绿色食品检查员、监管员、内部检查员及生产资料管理员培训教材，中心组织编写了《绿色食品工作指南》（2016 版），收录了 2012 年以来国家及中心出台的 66 份法规及技术性规范文件，由中国农业出版社出版发行。

理论研究与行业指导图书

三 绿色食品生产资料

2016 年共受理绿色食品生产资料申请用标企业 43 家，产品 104 个。截至 2016 年年底，绿色食品生产资料企业 121 家，产品 266 个，同比分别增长 21% 和 10.4%。其中，肥料企业 64 家、占 52.9%，产品 119 个、占 44.7%；农药企业 11 家、占 9.1%，产品 37 个、占 13.9%；饲料及饲料添加剂企业 24 家、占 19.8%，产品 80 个、占 30.1%；食品添加剂企业 21 家、占 17.4%，产品 29 个、占 10.9%；其他类企业 1 家、占 0.8%，产品 1 个、占 0.4%。

2016 年全国绿色食品生产资料发展总体情况

产品类别	企业（家）	产品（个）
肥　料	64	119
农　药	11	37
饲料及饲料添加剂	24	80
食品添加剂	21	29
其　他	1	1
总　计	121	266

（一）加大绿色食品生产资料制度创新

2016 年，组织制定了《绿色食品生产资料工作机构及管理员工作考评办法（试行）》，根据绿色食品生产资料业务开展情况，对绿色食品生产资料工作机构实行考评、评优，对绿色食品生产资料管理员进行考评并统一发放不同档次的工作奖励。

为提升绿色食品生产资料品牌知名度和信誉度，促进绿色食品生产资料开发与成果应用转化，制定了《绿色食品生产资料示范推广基地管理办法》，将有效使用绿色食品生产资料产品的种植示范区域、畜禽或水产养殖示范场所认定为绿色食品生产资料应用示范推广基地。

（二）加大绿色食品生产资料品牌宣传

参加了 2016 年中国饲料工业展览会、第十四届（2016）中国畜牧业博览会、第十八届全国肥料双交会和第三十二届中国植保双交会，在各展会中均设立了绿色食品生产资料特装展位，积极宣传绿色食品产业的理念、标准和制度，不断提升绿色食品生产资料在种养殖业及相关投入品行业的影响力。

2016 年长春绿色食品博览会上设置了绿色食品生产资料专门展区，遴选 14 家优秀获证企业组团亮相。展会期间，组织开展了绿色食品生产资料对接会，为绿色食品生产资料企业与绿色食品原料标准化生产基地牵线搭桥。

14 家绿色食品生产资料企业亮相第十七届绿色食品博览会

（三）加强绿色食品生产资料队伍建设

2016 年，新注册绿色食品生产资料管理员 17 人，换证 11 人，目前有效在册的绿色食品生产资料管理员共 118 人，聘用绿色食品生产资料核心专家 11 位，评审专家 14 位，委托绿色食品生产资料定点检测机构 5 家，有力保障了绿色食品生产资料持续健康发展。

四 信息化建设

中国绿色食品发展中心着眼于提升绿色食品事业的标准化、网络化、智慧化水平，积极推进信息化建设工作。按照农业部信息化建设整体规划，依托农业部信息中心组织实施的“金农工程（一期）市场监管子系统”项目建设工作，建设了“绿色食品网上审核与管理系统”。

经过持续推进和补充完善，“绿色食品网上审核与管理系统”已成为支撑中国绿色食品发展中心主要业务工作正常开展的核心信息系统。系统共建成审核许可、证书管理、财务管理、监督检查、基础信息管理、综合查询、查询统计、检查员管理、监管员管理、内检员管理十大功能模块，涵盖绿色食品受理、审核、颁证、监管、财务、证书管理、三员管理等多项业务职能，基于标准业务流程规范了工作开展方式，基于组织体系架构建立了分级授权管理模式。

“绿色食品网上审核与管理系统”通过实现信息化体系平台构建和核心业务数据的电子化、自动化处理，基本保障了中国绿色食品发展中心与全国省级绿办的协同办公，拓宽了中国绿色食品发展中心与地方间的信息沟通渠道，提升了各部门的履职能力、工作效率和服务水平，事业信息化实施效果初步显现，为后续深入推进信息化建设、促进业务进一步优化升级奠定了坚实基础。

“绿色食品网上审核与管理系统”界面

地方典型：上海市积极推进绿色食品信息化工作

金农工程“绿色食品网上审核与管理系统”上线运行后，上海市积极推进审核、颁证、统计、监管等工作的信息化。利用系统将中心下发的合同及证书，本着“随到随发、不得积压”的原则，按照中国绿色食品发展中心规定的颁证时限，及时对每份合同和证书登记备案，同时在金农系统证书转发模块实时操作确认，一方面保证信息统计的准确性，另一方面使整个颁证过程有据可查。此外，还通过工作群，及时发布审核进展、颁证信息以及邮寄信息，督促相关企业及时整改、签订合同、缴纳费用等。

上海市积极推进绿色食品信息化工作

第六篇

体系建设

茶园变奏乐章　摄影：金凌锋

2016 绿色食品发展报告

第六篇　体系建设

一 绿色食品工作机构

全国已建立省级绿色食品工作机构 36 个，地（市）级绿色食品工作机构 325 个，市（县）级绿色食品工作机构 2 076 个，共有专职工作人员 2 622 人，兼职人员 3 738 人。

2016 年绿色食品工作机构及人员数量

机构及人员	数　量
省级机构	36 个
人员	485 人
专职人员	401 人
兼职人员	84 人
地（市）级机构	325 个
人员	1 270 人
专职机构	147 人
人员	682 人
专职人员	581 人
兼职人员	101 人
挂靠机构	178 个
人员	588 人
专职人员	129 人
兼职人员	459 人
市（县）级机构	2 076 个
人员	4 605 人
专职机构	480 个
人员	1 380 人
专职人员	1 113 人
兼职人员	267 人
挂靠机构	1 596 个
人员	3 225 人
专职人员	398 人
兼职人员	2 827 人

二 绿色食品定点检测机构

绿色食品检测机构是保障绿色食品产地环境质量、产品质量符合绿色食品标准要求的重要技术支撑。目前全国共有绿色食品定点检测机构 86 家，其中 61 家具有产品检测资质，58 家具有环境检测资质。按照“统筹规划、合理布局、择优选用”的原则，2016 年中国绿色食品发展中心新审核批准 5 家绿色食品检测机构，并对 17 家连续两年没有承担绿色食品检测业务、标准制修订工作或不按时提交申报材料的检测机构，做出了取消绿色食品检测业务委托资格的处理。

（一）组织开展环境监测机构能力验证

为提高检测机构的业务能力，提升检测水平，2016 年 3—6 月组织开展了环境监测机构能力验证活动。本次能力验证活动考核了环境样品土壤中重金属总镉、总汞、总砷、总铬的定量检测能力。有 55 家绿色食品环境监测机构参与，其中 48 家监测机构结果全部合格，占参加机构总数的 87.3%；有 7 家监测机构此次能力验证考核不合格，其中有 1 家监测机构 1 个项目检测结果不合格，有 3 家监测机构 3 个项目检测结果不合格，有 3 家监测机构 4 个项目检测结果都不合格。根据能力验证结果，中国绿色食品发展中心对上述 7 家监测机构分别作出了暂停监测工作 3 个月、6 个月和 12 个月的限期整改处理。

（二）出台“四个最严”检测要求

环境监测和产品检测是把好绿色食品认证质量监管的“两道刚性闸门”，是确保绿色食品事业发展的基础性工作。为进一步规范产地环境检测和产品质量检测工作，中国绿色食品发展中心下发了《关于严格执行绿色食品产地环境采样与产品抽样等相关标准的通知》，通报了目前检测工作中存在的主要问题，提出了严格环境采样、严格产品抽样、严禁随意免测大气环境、严禁重复检测“四个最严”要求，进一步强调了严格执行相关标准和规定的重要性。

绿色食品环境监测机构实验室

（三）举办绿色食品标准宣贯培训

为加强绿色食品检测机构对绿色食品新标准、新制度、新要求的宣贯，进一步提升检测机构服务质量和水平，9 月 26—27 日中国绿色食品发展中心在贵阳市举办了全国绿色食品检测机构标准宣贯班。来自全国 33 个省、市、自治区 85 个绿色食品检测机构的 92 名检测业务负责人参加了培训班。培训班邀请绿色食品检测领域专家重点针对当前检测工作的薄弱环节——绿色食品产地环境及产品检测抽样环节的质量控制要点进行了讲解，同时讲解了绿色食品检测质量控制要点。

2016 年绿色食品监测机构培训班

三 绿色食品检查员、监管员和企业内部检查员队伍

2016 年，全国共有绿色食品检查员 3 460 人、监管员 2 797 人；有企业内部检查员 1.8 万人，实现了所有获证企业的全覆盖。

2016 年 3 月 20—22 日，“2016 年全国绿色食品检查员、标志监督管理员暨生资管理员培训班”在海南省海口市成功举办，来自全国 36 个省级绿色食品工作机构的检查员、监管员近 100 人参加了培训。

2016 年，绿色食品工作系统共举办区域性绿色食品检查员和监管员培训班 25 期，累计培训检查员和监管员 300 余人次。各地共举办企业内部检查员培训班 28 期，累计培训企业内部检查员 7 000 余人次。

为进一步强化业务人员工作技能，中国绿色食品发展中心还组织了两期针对检查员的专业培训班。

2016 年全国绿色食品检查员、标志监督管理员暨生资管理员培训班

2016 年 9 月，为总结近年来续展审核和颁证改革成效与经验，提升续展和颁证工作的质量、效率和能力，中国绿色食品发展中心在成都市举办了“全国绿色食品续展审核与颁证工作培训班”，36 个省级工作机构的负责人及业务骨干 80 余人参加培训。

为转变“重审核、轻检查，重档案、轻现场”现象，2016 年 5 月，中国绿色食品发展中心在重庆市举办了首期“全国绿色食品现场检查技能提高培训班”，参加培训的检查员 80 余人。

全国绿色食品续展审核与颁证工作培训班

地方典型：安徽省加强队伍建设，健全监管体系

为保证绿色食品质量和品牌公信力，安徽省高度重视绿色食品体系队伍建设，不断提升绿色食品工作者业务素质和工作能力，其主要措施包括：一是强化工作体系建设。安徽省农业委员会出台《关于切实加强绿色食品管理工作的通知》，要求各级农业主管部门建立健全绿色食品工作体系，全面推进绿色食品事业发展，并进一步明确市、县（市、区）农业委员会要确定一位分管领导，成立相应管理机构或明确挂靠单位，落实专人负责日常管理工作。二是强化队伍素质建设。根据绿色食品产业监管工作特点和要求，每年举办1~2期全省性的绿色食品检查员和监管员培训，各级绿色食品工作机构共有200多名监管员持证上岗，基本达到每县都有一名监管员的管理目标。三是加快建设绿色食品企业内检员队伍。分片组织开展企业内检员培训，在财政预算中，列专项经费支持各级绿办开展内部检查员培训。

四 绿色食品专家队伍

为充分利用社会资源和专业技术力量，为绿色食品事业发展提供有力的技术支撑，中国绿色食品发展中心组建了一支高效精干的专家队伍，累计400余位，其中最核心的专家包括顾问组10人，技术专家组88人。绿色食品专家主要来自于国家行政管理部门、科研单位、检测机构、大专院校等相关业务领域，主要参与绿色食品理论研究、标准制修订、标志许可审核等工作。

绿色食品标准评审会

第七篇

品牌建设

浓墨重彩　摄影：金峰

2016绿色食品发展报告

第七篇　品牌建设

经过多年宣传推广，绿色食品已被社会广泛接受，其推行的生产方式、倡导的消费理念、树立的社会形象和产生的品牌效益，已得到普遍认可。早在 1999 年，《辞海》已将“绿色食品”词条列入书中；绿色食品有关知识被国家编入了《全日制普通高级中学生物教学大纲》；中国农业大学、南京农业大学等多所农林院校设置了绿色食品专业或开设了绿色食品相关课程。近几年，绿色食品知识在部分大中城市社区广为宣传；相关电视节目中也时常涉及绿色食品的概念和知识。据调查，在国内大中城市，绿色食品品牌的认知度超过 80%；在我国所有认证产品中，绿色食品的公信度排名第一。绿色食品品牌影响已从国内扩大到国际，其标志商标已在日本、美国、俄罗斯等 10 个国家和地区注册，丹麦、澳大利亚、加拿大等国家已开发了一批绿色食品产品。

一 标志商标注册

2016 年是新一轮绿色食品证明商标的注册年，中国绿色食品发展中心共完成 105 件绿色食品商标的注册工作，包括国内与国外注册、新申请与续展注册商标。

（一）国内注册

中国绿色食品发展中心原有的 33 件商标已完成续展注册，有效期至 2026 年。同时，为进一步丰富绿色食品商标的使用形式，并结合绿色食品事业发展的需要，中国绿色食品发展中心将绿色食品商标的注册形式从 4 种扩大到 10 种，注册商品按最新版的《商标注册用商品和服务国际分类表》扩大注册，共计 6 个类别、60 件商标，确保涵盖可食用农产品及其加工产品。目前，绿色食品商标在国内注册数累计达到 93 件。以下为绿色食品商标的 4 种常见形式。

绿色食品商标（图形）

绿色食品商标（中文文字）

绿色食品商标（英文文字）

绿色食品商标（图形与中文、英文文字组合）

（二）国际注册

通过马德里体系，中国绿色食品发展中心向世界知识产权局提交的 6 件绿色食品商标续展注册已被核准，包括欧美、俄罗斯、澳大利亚等 8 个国家。同时，中国绿色食品发展中心在韩国已有 6 个类别商品的绿色食品商标获得注册，有效期至 2026 年。

二 品牌宣传

中国绿色食品发展中心及各级绿色食品工作机构采取多形式强化绿色食品品牌宣传，扩大绿色食品品牌影响力。

（一）结合全国“三品一标”工作会开展宣传

组织新华社、《农民日报》《中国食品报》《农村工作通讯》报刊、中国农业信息网等主流媒体等对绿色食品发展成效和工作重点进行了集中全面报道。

（二）在绿色食品博览会期间组织媒体围绕扩大绿色食品品牌影响力进行重点宣传

第十七届绿色食品博览会期间，题为“绿色食品正引领农业供需结构升级”的新闻稿在农业部网站发表，各媒体引用 1.5 万次；中央电视台一套和新闻频道播报了绿色食品快讯。

（三）制作宣传片和系列宣传画向社会公众展示绿色食品精品形象

《中国绿色食品》宣传片通过中国农业信息网、微信平台、腾讯优酷视频网站等进行广泛传播；20 幅图文并茂、主题突出绿色食品系列宣传画，受到各地绿办欢迎。各地绿色食品工作机构积极配合，在当地利用多种渠道组织播放宣传片，张贴宣传画，大力宣传绿色食品事业，普及相关知识，扩大绿色食品知名度。

绿色食品宣传画

绿色食品微信平台

（四）利用微信平台新媒体

绿色食品微信公众号运营两年来受到了社会公众的欢迎，以“润物细无声”的方式向公众传播绿色食品理念。2016 年累计推送内容 352 期，累计阅读量 12 万人次。组织策划的产品推介活动和答题活动宣传效果显著、宣传形式丰富接地气，参加人数达近 4 万人。通过微信平台新媒体传播方式，向社会公众施加认知影响力，充分展示和推介绿色食品文化，扩大品牌知名度，树立品牌形象，从而提升绿色食品的市场影响力，同时引导消费者理性选择安全优质的绿色食品产品，带动绿色消费。

（五）各地绿办积极开展宣传活动

全国绿色食品系统重视绿色食品宣传工作，2016 年各省宣传工作百花齐放，河南、浙江、北京、江西等省市，以开展绿色食品“宣传周”，绿色食品进社区、进超市等活动，通过规范形象设计、发放宣传资料等方式展示绿色食品良好品牌形象，让消费者在选购产品的过程中体验绿色食品文化。各地绿办还通过报刊杂志、电台、网站、微信等多种媒体渠道做到了月月有声音、季季有新闻，重点活动有报道，全年宣传不断线，努力营造全社会关心支持绿色食品事业发展的良好氛围。

地方典型 1：北京绿办宣传绿色食品微信公众号，倡导绿色消费

北京绿办广泛推广绿色食品微信公众号

3 月 5—8 日，在北京市农业绿色食品办公室支持下，北京万民同乐绿色食品销售中心和丰台区马家堡街道总工会联合在街道文艺中心广场举办了“首届名优绿色产品进社区赶大集活动”。现场共有 40 家企业参展，除了北京市的 12 家企业外，还有黑龙江五常大米、烟台苹果、山西小米等绿色产品。北京市绿办制作的“中国绿色食品”和“绿色食品博览”微信公众号宣传更引起大家的热情参与，纷纷用手机扫描关注公众号。

地方典型 2：浙江省围绕强化政策支撑，优化品牌发展环境

2016 年 12 月，浙江省人大通过了《浙江省农产品质量安全规定》，首次从立法层面明确“县级以上人民政府及有关部门应当采取措施，鼓励和引导农产品生产者申请使用‘三品一标’”，明确“三品一标”属政府法定行为；“三品一标”被列为浙江省政府《关于创建国家农产品质量安全示范省的实施意见》（2016 年 1 月）、浙江省委《“811”美丽浙江行动建设方案》（2016 年 7 月）等重大战略部署重要内容，纳入推进全省农产品质量安全、农产品品牌建设和绿色经济目标核心量化考核体系和省政府年度任务一类考核目标。

三 市场建设

（一）以中国绿色食品博览会和电商平台为核心，全力推进绿色食品市场建设

1. 成功举办第十七届中国绿色食品博览会

第十七届中国绿色食品博览会（以下简称绿博会）于 2016 年 9 月 2—5 日在长春市举办。全国共有 34 个展团参展，展会面积 18 400 平方米，设立 778 个标准展位；参展企业 1 299 家，产品 7 595 个。绿博会展出了“三品一标”生产加工企业、绿色生产资料企业、原料基地建设单位、绿色食品电商等企业及其产品，形成了产前产中产后全覆盖，线上线下相结合的格局，彰显了绿博会作为绿色食品产业界大聚会、大交流平台的鲜明特色，增进了产业内部的交流与合作。展会期间贸易对接成效明显，商务活动丰富多彩。山西、四川、甘肃、黑龙江、湖北、吉林等展团达成交易额超亿元，湖北宜昌柑橘借助展会平台和产品推介会，签约金额 5.58 亿元。绿博会组委会统一搭建推介平台，为电商企业、大型商贸企业及地方政府组织了 10 多场有针对性的推介活动，尤其是电子商务平台的推介活动，介绍产品特点和线上线下优势条件，给绿色食品企业提供了众多的流通渠道。

第十七届中国绿色食品博览会

中央电视台播报绿色食品展会现场

2. 积极推动绿色食品电商平台建设

支持中国工商银行融 e 购、中绿生活、邮乐网和“放心吃”等电商平台的绿色食品频道的建设，开展了 4 次培训和推介。目前平台经济效益和品牌效应持续递增，融 e 购

已进驻 700 家绿色食品企业；中绿生活对接销售 1 000 家绿色食品企业，起到示范和导向作用。同时，引导绿色食品企业拓宽渠道，开展线上营销，通过引入“互联网＋绿色食品”元素，搭建绿色食品线上线下营销通道，助推绿色食品电子商务普及与深化，推动互联网与绿色食品产业的深度融合。

中绿生活电商平台绿色食品专区

中国工商银行融 e 购电商平台绿色食品专区

地方典型 1：湖南省积极拓展销售渠道，

构建“互联网＋绿色食品”的营销平台

2016 年，湖南省重点抓了绿色食品网络营销平台的建设，与中国惠农网合作，创办汇集绿色食品工作动态、政策法规、品牌推介、网上商城、信息查询于一体的“湖南绿色食品网”，2016 年 4 月举行了“湖南绿色食品网”上线启动仪式，免费为企业销售产品提供平台，与湖南君士移动互联高新技术有限公司在签署“湖南省无公害绿色食品超市”项目合作协议，率先在国内搭建掌上“无公害绿色食品超市”网络平台。

地方典型 2：黑龙江红兴隆农垦大地水稻农民专业合作社以

“互联网＋”的方式推介品牌

黑龙江红兴隆农垦大地水稻农民专业合作社利用互联网技术精心打造了“良沃颐谷”品牌大米，产品采用线上、线下、体验相结合，以“互联网＋”的生产销售方式，推介品牌，寻找市场。手机扫描二维码，消费者就可以目睹产品“从土地到餐桌”全程质量监控立体场景。消费者看得见、信得过、买得放心、吃得安心。

2016 年黑龙江农民合作社优质农产品（深圳）推介会

（二）地方绿色食品展会

1. 内蒙古（扎兰屯）第九届绿色食品交易会暨第二届农村电子商务峰会取得圆满成功

2016 年 10 月 25 日，由内蒙古（内蒙古自治区，全书简称内蒙古）农牧业厅和呼伦贝尔市人民政府主办的内蒙古（扎兰屯）第九届绿色食品交易会（以下简称扎兰屯绿交会）圆满落幕。

扎兰屯绿交会是中国绿色食品发展中心支持举办的全国性展会之一，以内蒙古域内绿色食品产业为核心，在突出品牌、地域、专业等特色的前提下，积极引进全国各地绿色食品生产企业，努力丰富展会的内涵，通过电子商务与现代农业的有机结合，扩大扎兰屯绿交会的覆盖面和影响力。

扎兰屯绿交会同期举办了电商扶贫主旨演讲、农村电子商务峰会、商贸洽谈会、经贸签约仪式等形式多样的活动。通过引入“互联网 +”元素，搭建农产品线上线下营销通道，助推农产品电子商务普及与深化，推动互联网与绿色食品产业的深度融合，让内蒙古的农产品走向更广阔的市场。

内蒙古（扎兰屯）第九届绿色食品交易会

2. 黑龙江—北京绿色有机食品产业博览会

2016 年 1 月 18 日下午，为期 5 天的第二届黑龙江—北京绿色有机食品产业博览会（简称“年货大集”）在全国农业展览馆圆满落下帷幕。

在全国农业展览馆（北京）举办的黑龙江—北京绿色有机食品产业博览会

“年货大集”由黑龙江省人民政府和北京市人民政府主办，黑龙江省农业委员会、北京市农村工作委员会和全国农展馆承办，共设立产品展销、大米区域品牌展示、“互联网+ 农业”和优质肉类产品展销 4 个展区。各地把现场销售、贸易洽谈和产品展示有机结合起来，以展促销，以销促谈，实现了展销两旺。

“年货大集”得到农业部等政府部门的充分肯定，也得到参展企业和消费者的高度认可。现场调查问卷表明，黑龙江省的绿色食品大米、蓝莓、山特产品，以及黏豆包、马铃薯粉丝、大豆制品最受北京市民青睐。近 100% 的受访者希望“年货大集”每年春节前举办一次；95% 以上的企业对本次“年货大集”表示满意或非常满意，97.7% 的企业希望明年在北京继续举办“年货大集”，并延长展销时间。

黑龙江绿色食品展销会

2016

绿色食品发展报告

第八篇

国际交流

含羞　摄影：段锦

2016 绿色食品发展报告

第八篇　国际交流

为有效提升绿色食品的国际影响力，促进绿色食品对外贸易发展，中国绿色食品发展中心致力于推动绿色食品的对外交流与合作，与 30 多个国家的相关机构在技术、标准、认证、商标等方面进行了广泛的交流与合作。

一 国际认证

（一）完成澳大利亚啤酒大麦续展项目

澳大利亚嘉能可谷物公司（威特发公司）是南澳最大的啤酒大麦生产商，其生产的澳洲啤酒大麦从 2004 年首次通过绿色食品认证至今，多年为国内绿色食品啤酒和麦芽生产企业供应安全优质原料。2016 年 10 月，中国绿色食品发展中心委派检查员赴澳大利亚对其经营管理模式、投入品使用情况及产品全程质量控制体系实施了现场检查，并按期为其颁发了绿色食品证书。

（二）完成丹麦皇冠集团猪肉续展和技术交流项目

丹麦皇冠集团（Danish Crown）2013 年获得绿色食品证书，为确保其 28 个产品猪肉分割产品继续使用绿色食品标志，中国绿色食品发展 中心委派检查员赴丹麦执行现场检查任务，同时应邀与丹麦农业与食品委员会进行技术交流，共同推进中国与丹麦两国农业及食品安全交流合作，进一步扩大了绿色食品国际影响力。

二 国际交流与合作

2016 年，中国绿色食品发展中心进一步加强绿色食品的对外交流与合作，在经济贸易、生产管理、技术标准、产品审核、标志管理、监督管理等方面与十几个国家的相关机构开展了交流与合作，宣传介绍了绿色食品。2016 年中国绿色食品发展中心继续充分发挥农业系统绿色和有机品牌优势，与境外农业政府主管部门和认证机构开展交流，先后与丹麦环境食品部、墨西哥农业部、土耳其农业畜牧部等多个政府部门的代表交流了相关行业发展及认证情况。与西班牙 CAAE、阿根廷 Argencert、意大利 ICEA 等机构深入进行了交流会谈，探讨开展技术培训、国际认证合作和合作开展市场推介与宣传活动。

中国绿色食品发展中心与丹麦农业与食品委员会座谈交流

三 对外贸易

2016 年，中国绿色食品发展中心组织绿色食品企业参加了德国国际有机产品博览会、第四十一届日本国际食品饮料博览会和亚洲食品及酒店用品展等绿色食品境外促销推介项目。在促销项目的支持下，我国绿色食品展示了安全优质环保农产品的整体形象，中国绿色食品发展中心共组织来自 12 个省区的 37 个绿办和企业参加贸易展览，进一步提升了绿色食品品牌的国际影响力。参展企业开阔了视野，拓展了国际贸易渠道。2016 年，绿色食品产品出口贸易额 25.1 亿美元，绿色食品的对外贸易发展已经成为绿色食品发展的重要推动力之一。

2016 年绿色食品产品出口额

出口产品	出口额（万美元）	占出口总额的比重（%）
小麦粉	567.00	0.23
大　米	1 171.00	0.47
大米加工品	466.00	0.19
玉　米	14.00	0.01
玉米加工品	740.00	0.29
大　豆	381.00	0.15
大豆加工品	30.00	0.01
油料作物产品	1 639.20	0.65
食用植物油及其制品	636.10	0.25
机制糖	14 780.00	5.89
杂　粮	6 369.43	2.54
杂粮加工品	303.53	0.12
蔬菜（包括瓜果类）	34 291.65	13.65
冷冻保鲜蔬菜	3 603.00	1.43
蔬菜加工品	11 134.80	4.43
鲜果类	44 551.27	17.74
干果类	428.03	0.17
果类加工品	5 701.60	2.27
食用菌及山野菜	18 123.01	7.22
食用菌及山野菜加工品	4 110.82	1.64
其他食用农林产品	18 483.90	7.36
其他农林加工食品	3 148.35	1.25
猪　肉	887.00	0.35
牛　肉	100.00	0.04
羊　肉	522.00	0.21
禽　肉	192.24	0.08
禽　蛋	10.00	0.00
蛋制品	570.50	0.23
乳制品	460.00	0.18
蜂产品	564.00	0.22
水产品	11 759.70	4.68
水产加工品	32 993.64	13.14
果蔬汁及其饮料	900.00	0.36
精制茶	1 297.50	0.52
其他茶	16.00	0.01
白　酒	18 581.00	7.40

（续表）

出口产品	出口额（万美元）	占出口总额的比重（%）
啤　酒	1 167.00	0.46
葡萄酒	4.14	0.00
其他酒类	2 166.70	0.86
方便主食品	391.39	0.16
果脯蜜饯	50.00	0.02
食　盐	648.00	0.26
淀　粉	5 844.21	2.33
调味品	1 314.27	0.52
食品添加剂	19.22	0.01
合　计	251 132.20	100.00

江西葡萄园的中外专家

2016 年新加坡亚洲食品及酒店用品展

2016 年日本东京国际食品饮料博览会

2016

绿色食品发展报告